神态各异祖师爷

编著　薛　勇
剪纸　左其诚

西安出版社

月
日

遗址附近的阿斯塔那古北朝墓群中，发现的两张团花剪纸，他们采用的是麻料纸，都是折叠型祭祀剪纸，这个发现为中国的剪纸形成提供了实物佐证。唐代剪纸已处于大发展时期，杜甫诗中有『暖水濯我足，剪纸招我魂』的句子，以剪纸招魂的风俗当时就已流传民间。现藏于大英博物馆的唐代剪纸均可看出当时剪纸手工艺术水平已极高，画面构图完整，表达一种天上人间的理想境界。唐代流行颉，其镂花木版纹样具有剪纸特色，如现藏日本正仓院的『对羊』，其羊的纹样就是典型的剪纸手工艺术表现手法。唐代民间还出现了利用剪纸形式制作的漏版印花版，人们用厚纸雕刻成花版，把染料漏印到布匹上，形成非常美丽的图案。宋代造纸业成熟，纸品名目繁多，为剪纸的普及提供了条件。如成为民间礼品的『礼花』，贴于窗上的『窗花』，或用于灯彩、茶盏的装饰。宋代民间剪纸的运用范围逐渐扩大，江西吉州窑把剪纸作为陶瓷的花样，通过上釉、烧制使陶瓷更加精美；民间还采用剪纸的形式，用驴、牛、马、羊等动物的皮雕刻成皮影戏的人物造型；蓝印花布工艺制作的镂花制版是用油纸板雕镂成纹，刮浆印花的花版纹样就是采用剪纸的技法，有阴、阳刻之分，长线要割断，以点分虚实。明、清时期剪纸手工艺术走向成熟，并达到鼎盛时期。民间剪纸手工艺术的运用范围更为广泛，举凡民间灯彩上的花饰，扇面上的纹饰以及刺绣的花样等等，无一不是利用剪纸作为装饰再加工的。而更多的是中国民间常常把剪纸作为装饰家居的饰物，美化居家环境，如门栈、窗花、柜花、喜花、棚顶花等都是用来装饰门窗、房间的剪纸，以至最后达到随心所欲的境界，信手剪出新的花样来。

基于此，西安思源文化中心的同事们想到剪纸，想到了用剪纸的『壳』，编撰一本介绍中国古代神话传说人物的书。书立足于大众所熟知的中国神话传说，进行了艺术再创作，别出心裁地对中国神话传说人物的谱系归属建构了一个较完整的神仙体系，对每一个神灵、人物均予以简单的诠释，充满人文特征，目的是为了让更多的人初步了解中国神话传说中人物的一个分类和演变过程同时，还能领略民间剪纸艺术的魅力，使人们在轻松的阅读中获得收益启迪。

左其诚先生是我们西安思源文化交流中心的特约研究员，他长期致力于剪纸艺术创作与民俗研究，多次在全国剪纸大赛中获奖，并多次受邀出国为外国友人介绍中国民间艺术。他的作品有思想有创意有魅力。为充分发挥他的特长和作用，西安思源文化交流中心决定出版这本书。然而剪纸艺术与传统绘画中的神灵造型在构图风格和表现方式上有很大的差异，需要有一个重新构图的过程，这期间，他先后查阅整理了大量相关资料，对一些人物造型几易其稿，加之事前对困难估计不足，致使完稿时间而一推再推。在对这些人物造型刻画方面，除了大量学习参考历史壁画和古人的作品外，还借鉴了李云中、华三川、彭连熙等艺术大家绘制的相关人物造型，并以此为基础，结合中国传统绘画白描的构图方法，剪制出了一百多个神态各异的神话人物。

本书分为行业祖师、历史圣贤、民间传说人物、道教神仙、佛教神仙五个部分。虽然涉及面较广，但仍有许多不足的地方，只收录古代神话传说中人物的一小部分，还有许多神话传说人物，诸如民间流传很广的虫王、道教中的二十八星宿、雷神电母、风伯雨师、佛教中十八罗汉、冥界神仙、神兽系列等都未能列入本画册，既是缺憾，也为以后留下了很大的补充空间；在一些阐述中也难免出现失误，希望在以后的编撰整理过程中更加严谨。

【序】

周延波

我国是一个历史悠久的国家，在漫长的历史进程中，我们的祖先在长期与自然相互依存过程中，对天地山川、日月星辰及四季更替的变化规律等产生了崇拜与敬畏之情。这种崇拜敬畏之情在人类进入文明时代之初，是为了获得生存环境的安宁，农业生产的丰收。每逢一个时间节点，就会进行祭祀活动，感恩上苍，以促农种，以报秋实，逐渐发展演变成了我们今天所熟知的神话与传说，也成为记录一个民族早期的唯心世界观价值观。

这些祭祀活动经过千百年来发展积淀，遂约定成俗，祭祀的对象也逐渐由天地山川、日月星辰演变成具象化的人物，并和早期先民族群中做过特别重大贡献的部落群体和首领一起转化为今天被人们所熟知的神灵。这些神灵在人们心目中，都是具有无所不知、无所不能、超脱尘世、长生不老的非凡能力。他们各司其职，掌管着人们的生死轮回、生产生活，保佑着人们前程运势，消除灾难厄运以及避免邪祟伤害等。

我国的神仙谱系与西方有着很大不同。这是由于东西方文化的差异性所造成的。西方神灵主要源于宗教，基本上一脉相承。我国的神灵则大多与人类早期对自然的崇拜敬畏以及生活生产有关，他们按照分工，主宰着人们的生死、生产、生活、姻缘、运程等，诸如上古时期的伏羲、女娲、尧、舜、禹等，其美德和行迹在民间被广为传颂。此外还有一些与农事有关的古老传说中的人物，如神农、黄帝、嫘祖、后稷以及与农家生活紧密相关的各种时令节日，如门神、灶神、马神、钟馗等等，即使在今天，他们依然被人们所信奉所信仰。从其功能来看，大致可分成神灵、历史先（圣）贤、鬼魅三大类，后来又随着社会分工细化以及道教、佛教的产生、传播，又出现了行业神（祖师）、宗教神等，他们之间相互依存，相互渗透，相互包容，形成这种多神和一神多说的特征，这方面尤其在中国传统文化中占有重要地位的道教中表现得十分突出。

道教是典型的多神教，也是我国土生土长的宗教。它产生于东汉，奉春秋时期道家学派创立者老子为祖师。它崇奉的神灵种类繁多，地位较高且较有影响，就有三清天尊、四御大帝、诸星辰之神、三官大帝、文昌帝君……。除了道教外，中国还存在许多其他宗教，比如佛教、基督教、伊斯兰教等等，它们也都有各自的神灵，其中以佛教影响最大，流传最广泛。在民间通常只能大概分清其谱系脉络，至于究竟有多少神灵被以各种形式崇拜，却很少有人能说清楚，这使得很多人都认为，中国神灵文化，是一种大杂烩式的多神文化。

用一种最直观的方式表现先贤、神灵，传播中国的传统文化，一直是我思考的一个问题。有一天我突然来了灵感。这个灵感来自今年 5 月 14 日印度总理莫迪先生对习近平主席家乡西安的访问。印度是一个古老的国度，具有悠久的历史和丰厚的文化遗产，莫迪是一位以『高效、果断、廉洁，以解决问题为己任』闻名的印度政治家。如何招待这样尊贵的客人，市政府可谓费尽心机。最后他们选择了著名剪纸大师左其诚先生的作品《丝路情》。看到剪纸《丝路情》的人，都有『视觉上给人以透空的感觉之艺术享受』。

剪纸，又叫刻纸，是中国最古老的民间艺术之一。西汉时期（公元前 3 世纪），当时人们运用薄片材料，通过镂空雕刻的技法制成工艺品，即以雕、镂、剔、刻、剪的技法在金箔、皮革、绢帛，甚至在树叶上剪刻纹样。那时纸张还没有发明出来。中国最早的剪纸作品发现，是在 1967 年中国考古学家在新疆吐鲁番盆地的高昌

【门神】……64
【马王爷】……65
【钟馗】……66
【总城隍纪信】……67
【太阳神羲和】……68
【后羿】……69
【嫦娥】……70
【精卫】……71
【月老】……72
【五路财神】……73
【韩信】……74

道教神话人物

【元始天尊】……76
【灵宝天尊】……77
【道德天尊】……78
【玉皇大帝】……79
【紫微大帝】……80
【勾陈大帝】……81
【长生大帝】……82
【后土皇地祇】……83
【王母娘娘】……84
【斗姆元君】……85
【真武大帝】……86
【天妃妈祖】……87
【三官大帝】……88
【菩提祖师】……89
【托塔天王】……90
【太白金星】……91
【赤脚大仙】……92
【二郎杨戬】……93
【哪吒】……94
【文昌帝君】……95
【魁星】……96
【文曲星君】……97
【武曲星君】……98
【九天玄女】……99
【火德星君】……100
【八仙】……101
【水德星君】……102
【麻姑】……103
【刘海】……104
【梅山六圣】……105
【千里眼　顺风耳】……106
【四值功曹】……107

佛教神话人物

【如来佛祖】……110
【药师佛】……111
【阿弥陀佛】……112
【弥勒佛】……113
【观音菩萨】……114
【地藏菩萨】……115
【文殊菩萨】……116
【普贤菩萨】……117
【持国天王】……118
【增长天王】……119
【广目天王】……120
【多闻天王】……121
【韦陀】……122
【惠岸行者】……123
【哼哈二将】……124

【目录】

【序】周延波

行业祖师

【伏羲】……2
【女娲娘娘】……3
【轩辕黄帝】……4
【嫘祖】……5
【马头娘】……6
【神农炎帝】……7
【后稷】……8
【风后】……9
【常先】……10
【皋陶】……11
【奚仲】……12
【杜康】……13
【帝予】……14
【伊尹】……15
【易牙】……16
【姜太公】……17
【管仲】……18
【师旷】……19
【太上老君】……20
【孔子】……21
【鬼谷子】……22
【范蠡】……23
【鲁班】……24
【鲁班之妻云氏】……25
【扁鹊】……26
【华佗】……27
【孙思邈】……28
【孙膑】……29
【乐毅】……30
【淮南王刘安】……31
【蒙恬】……32
【樊哙】……33
【张飞】……34
【东方朔】……35
【蔡伦】……36
【关羽】……37
【葛洪】……38
【唐玄宗李隆基】……39
【吕洞宾】……40
【张果老】……41
【宗泽】……42
【毕昇】……43
【丘处机】……44
【黄道婆】……45
【柳敬亭】……46

历史圣贤

【仓颉】……48
【孙武】……49
【司马迁】……50
【张仲景】……51
【王羲之】……52
【杜甫】……53
【吴道子】……54
【陆羽】……55

民间神话人物

【盘古】……58
【福禄寿】……59
【床神】……60
【灶君】……61
【土地】……62
【井神】……63

行业祖师

【伏羲】 人文始祖

伏羲氏是我国远古时代一位杰出的部落首领，风姓。伏羲又称庖牺、包羲、孢羲、宓羲等。西晋史学家皇甫谧的《帝王世纪》载：『太昊帝庖牺氏，风姓也。母曰华胥。燧人之世，有巨人迹，出于雷泽，华胥以足履之有娠，生伏牺，长于成纪。蛇身人首，有圣德。燧人氏后，庖牺氏代之，继天而王，首德于木，百王为先。』

【伏羲】

【女娲娘娘】

【女娲娘娘】 烧窑业 泥塑 面塑行业 锔补祖师

传说她的名字为风里希（或为风里牺），中国上古神话中的创世女神。又称娲皇，女阴娘娘，史记女娲氏，是华夏民族人文先始，福佑社稷之正神。相传女娲造人，以黄泥仿照自己抟土造人，创造人类社会并建立婚姻制度；后因世间天塌地陷，于是熔彩石以补苍天，斩鳌足以立四极，留下了女娲补天的神话传说。故民间认为她又是窑业之始祖和泥塑、面塑、锔补等行业的祖师。

【轩辕黄帝】裁缝业

轩辕黄帝，《史记》称黄帝：『姬姓，号轩辕氏、有熊氏。』前2717年－前2599年：古华夏部落联盟首领，中国远古时代华夏民族的共主，有土德之瑞，尊称黄帝，列五帝之首，后世尊其为中华文明的『人文初祖』。黄帝在位期间，播百谷草木，大力发展生产，建舟车、制音律、创医学等。因传言黄帝曾教民众用骨针穿麻线缝树叶和兽皮做衣，始制衣冠。故被缝纫业尊为祖师。

【轩辕黄帝】

【嫘祖】 蚕丝业

嫘祖，一作累祖，中国远古时期人物。为西陵氏之女，轩辕黄帝的元妃。她发明了养蚕，并教民养蚕治丝，史称嫘祖始蚕。北周以后被视为蚕神。尊奉为织绸祖师。

【嫘祖】

【马头娘】

【马头娘】丝绸业

马头娘，汉族神话中的蚕神。相传是马首人身的少女，故名。汉族民间的桑蚕传说，流传年代久远，地域广泛。据《通俗编·神鬼》引《原化传拾遗》记载，古代高辛氏时，蜀中有蚕女，父为人劫走，只留所乘之马。其母誓言：谁将父找回，即以女儿许配。马闻言迅即奔驰而去，旋父乘马而归。从此马嘶鸣不肯饮食。父知其故，怒而杀之，晒皮于庭中。蚕女由此经过，为马皮卷上桑树，化而为蚕，遂奉为蚕神。

【神农炎帝】农业

炎帝，是中国上古时期姜姓部落的首领尊称，号神农氏，又号魁隗氏、连山氏、列山氏，相传炎帝牛首人身，他亲尝百草，发展用草药治病；他发明刀耕火种创造了两种翻土农具，教民垦荒种植粮食作物；他还领导部落人民制造出了饮食用的陶器和炊具。后来和黄帝部落结盟，共同击败了蚩尤。华人（不仅汉族）将炎帝与黄帝共同尊奉为中华民族人文初祖，自称炎黄子孙，炎帝被道教尊为神农大帝，也称五谷神农大帝。

【神农炎帝】

【后稷】 农业

后稷，姬姓，名弃，黄帝玄孙，帝喾嫡长子，母姜嫄，周朝始祖，尧舜时期掌管农业之官，教民耕种稼穑，故后世农业尊其为祖师。

【后稷】

【风后】 指南车 相术

风后是上古时代最早为风姓氏族伏羲和女娲的长子，名为风后，少典兄，另一说为传说中黄帝的臣子。相传黄帝与蚩尤涿鹿大战时，风后发明的指南车，帮助黄帝统一中原，做出了巨大贡献。同时他还精于《易》数，明于天道，精通相术，首创风鉴之学能预测风雨，被后世拜为人相业祖师。

【风后】

【常先】制鼓业

常先传说为黄帝身边大臣，受九天玄女点拨，将夔牛和雷兽捉拿回来杀掉，用其皮蒙在空心树墩上，命名为鼓。用于黄帝与蚩尤大战时鼓舞士气，一举把蚩尤消灭在涿鹿之野。从此，鼓就成为我国古代战争中不可缺少的用具，人们以后就把它叫作『战鼓』。

【常先】

【皋陶】司法 牢狱的祖师

皋陶，偃姓，又作咎陶、咎繇，亦作『皐陶』、『皋繇』或『皐繇』，封地今安徽六安，古代汉族传说中的人物。传说他是中国上古『五帝』之首黄帝次子昌意的后裔，早期东夷部落的首领。皋陶是舜帝和夏朝初期的一位贤臣，传说中生于尧帝统治的时候，曾经被舜任命为掌管刑法的『理官』，以正直闻名天下。是与尧、舜、禹齐名的『上古四圣』之一，被奉为中国司法鼻祖。

【皋陶】

【奚仲】 造车鼻祖

奚仲，东夷薛国人（山东省滕州市官桥镇），是黄帝曾孙帝喾的后代。据《左传》记载，在公元前2250年夏朝初大禹时代，奚仲制造世界第一辆车，设有车架、车轴、车箱，为保持平衡，采用左、右两个轮子。《墨子》在『非儒』篇中也提到：『左者羿作弓，仔作甲，奚仲作车，巧垂作舟。』

【奚仲】

【杜康】 酿酒业

杜康即少康，为夏代的第五任君主。《说文解字》称其为『古者少康初作箕帚、秫酒』。秫酒就是用黏性高粱为原料制成的清酒，即粮食造的酒。杜康奠定了我国酒品制造业的基础，被后人尊崇为酿酒鼻祖和酒圣，又被称作酒祖（另说黄帝时期人、东周人、汉代人）。又传言禹帝曾命『仪狄造酒』，有的地方亦尊仪狄为酒业的祖师。

【杜康】

【帝予】

【帝予】醋 酱坊

帝予，杜康之子，相传一天他将造酒剩下的酒糟放进大缸里，倒进两担清水，由于身体疲乏，就捧起坛子喝了些家酿米酒睡了。梦中出现了一位老翁告诉他，到二十一天，日落酉时将造出调味浆。21天后，竟然满屋飘香，杜康父子很纳闷，找来找去，原来是酒糟变成了香喷喷、酸溜溜、甜滋滋的调味浆。杜康说叫什么名字呢？帝予说起梦中事，并说：『酒糟泡了二十一日，到酉时浆水才这么好吃，这二十一日加酉时不是「醋」字吗，就叫醋吧！』从此被人们敬为制醋业和酱坊祖师。

【伊尹】厨业

伊尹为中国商朝初年著名丞相、政治家，是中华厨祖，中原菜系创始人。传说他的父亲是个既能屠宰又善烹调的家佣奴隶厨师，他的母亲是居于伊水（今洛阳伊河）之上采桑养蚕的奴隶。他幼年的时候寄养于厨师之家，得以学习烹饪之术，成年后成为精通烹饪的大师。他认为，烹调美味，首先要认识原料的自然性质：『在三类动物中，住在水里的腥，食肉的有臊味，吃草的有膻味。』『调味的根本，水是第一重要的。』他主张烹调的用火要适度：『甜、酸、苦、辣、咸五味和水、木、火三种材料，多次煮沸多次变化，掌握火候是关键。因此时而用猛火，时而用微火。』『调和味道，一定要用甘酸苦辛咸五味，先放后放，放多放少，混合用还是分开用，这些都有一定的分寸。』因此后人都奉伊尹为中国的『厨圣』『烹调之圣』。

【伊尹】

【易牙】

【易牙】 餐饮业

易牙，春秋齐国彭城（今江苏徐州）人。善于调味，见赏于齐桓公而闻名。易牙是第一个运用调和之事操作烹饪的庖厨，好调味，很善于做菜。因为他是厨师出身，烹饪技艺很高，他又是第一个开私人饭馆的人，所以他被厨师们称作祖师。易牙与齐国彭城（今徐州）的渊源使他留名于今日的饮食文化中。齐国菜是我国最早的地方风味菜，后来成为中国的四大菜系之一（鲁菜），以其味鲜咸脆嫩、风味独特、制作精细享誉海内外。易牙对鲁菜的形成无疑是有功的。被奉为厨业、餐饮业祖师的还有詹王、灶君。

【姜太公】

【姜太公】 渔业

姜子牙（约前 1156—前 1017），姜姓，吕氏，名尚，一名望，字子牙，或单呼牙，也称吕尚，别号飞熊。商末周初政治家、军事家和谋略家。年老时，借钓鱼的机会求见周西伯，辅助周文王、周武王建立西周王朝，武王已平定商纣，成为天下之王，就把齐国营丘封赏给师尚父。太公在齐国的时候，修明政事，顺其风俗，简化礼仪，开放工商之业，发展渔业盐业优势，故被尊为渔业祖师

【管仲】制盐业

管仲（前645），名夷吾，字仲，又叫管敬仲，是春秋时期齐国的政治家。管仲在齐国大胆改革，任用贤才，发展经济，特别是利用官府力量发展盐铁业，使齐国逐步繁荣壮大，为日后齐国在战国时位居七雄（即齐、楚、燕、韩、赵、魏、秦国）之首奠定了基础。盐业是管仲在齐国力主发展的主要产业之一，他制定了《正盐荚》，成为了中国盐政的首部大法。『三代之时，盐虽入贡，与民共之，未尝有禁法。自管仲相桓公。始兴盐笑，以夺民利，自此后盐禁分开』（见《续文通考》）。管仲《正盐荚》创设了计口授盐法、专卖制和禁私法。在此后两千余年中，各朝各代统治者对盐业的管理基本上直接或间接取法于《正盐荚》，利用管仲之术，政府专控食盐产销，即实行盐业专买专卖制度，盐工以管仲为祖师。

【管仲】

【师旷】乐器 吹鼓手的祖师

师旷（前572—前532），字子野，山西洪洞人，春秋时著名乐师。他生而无目，故自称盲臣、瞑臣。为晋大夫，亦称晋野，博学多才，尤精音乐，善弹琴，辨音力极强。其为何目盲，有三种说法：第一说是他天生眼盲；第二说是他因为觉得眼睛看到的东西使他无法专心地做一件事，所以用艾草熏瞎了自己的眼睛，使自己的心清净下来；第三说是他自幼酷爱音乐，聪明过人，就是生性爱动，向卫国宫廷乐师高扬学琴时，用绣花针刺瞎了双眼，发愤苦练，终于青出于蓝而胜于蓝，琴艺逐渐超过了师父。晚年时，师旷已精通星算音律，撰述了《宝符》100卷，在明、清的琴谱中，《阳春白雪》《玄默》等曲解题为师旷所作。

【师旷】

【太上老君】 冶铸业　锔补业

太上老君原型为春秋时期思想家，道家创始人老子，据《老子内传》称：『太上老君，姓李名耳，字伯阳，一名重耳；生而白首，故号老子；耳有三漏，又号老聃。』传说老子曾铸造八卦炉（后人称为『老君炉』）炼制丹药以求长生。故铁匠、铜匠、银匠等冶铸业尊奉太上老君为祖师爷。锔补祖师：女娲、老君。

【太上老君】

【孔子】学校 教育

（前551年9月28日—前479年4月11日），名丘，字仲尼，春秋时期鲁国陬邑（今山东曲阜）人，中国著名的大思想家、大教育家、政治家。孔子开创了私人讲学的风气，是儒家学派的创始人。晚年致力于教育并著述立说，史称他曾授教『弟子三千，贤人七十』。被后世统治者尊为孔圣人、至圣、至圣先师、万世师表。被列为『世界十大文化名人文圣』之首。

【孔子】

【鬼谷子】堪舆五术业

鬼谷子，姓王名诩（xǔ）（或利），又名王禅、王通，号玄微子，华夏族。一说春秋战国时期卫国朝歌（今河南省鹤壁市淇县）人；一说是战国时期魏国邺地（河北省邯郸市临漳县香菜营乡谷子村）人。鬼谷子常入云梦山采药修道，因隐居周阳城清溪之鬼谷（陕西石泉县），故自称鬼谷先生，是先秦诸子之一。精通堪舆数术占卜、命相、医术，授徒孙膑，史书鬼谷子本人记载内容不多，但知名人物孙膑、庞涓、苏秦、张仪等都是鬼谷子的弟子。被后人尊崇为祖师。

【鬼谷子】

【范蠡】 商业 制陶业祖师

范蠡（前536—前448），字少伯，楚国宛（今河南南阳）人，春秋末期的政治家、军事家和经济学家。曾协助越王勾践灭吴，功成后弃宫经商，游齐国称鸱夷子皮，在陶（今山东定陶）称陶朱公，经商曾『三致千金』均散济贫民，其商德极受后人崇敬，被尊为『商圣』、『文财神』。

【范蠡】

【鲁班】 百工圣祖

鲁班，姓公输名班，春秋时代人（前507年－前444年）。曾发明风筝、攻城之云梯、士兵之铠甲、研磨谷米之砣磨以及锯子等各种木作工具，被建筑工匠尊为祖师。同时鲁班还被视为技艺高超的工匠的化身，更被尊为『百工圣祖』。亦被竹、木、泥、瓦、绳、棚匠尊为祖师。

【鲁班】

【鲁班之妻云氏】 制伞业

伞相传由鲁班之妻云氏发明：『劈竹为条，蒙以兽皮，收拢如棍，张开如盖』，『春秋末年，巧匠鲁班之妻云氏为丈夫送饭，因不堪日晒雨淋，便巧手修竹，劈成细条，用丝相连，再将兽皮蒙于其上，这样便收扰如棍，张开如盖，遂称之为伞。但初期的伞多以羽毛、丝绸等物料制作，在纸张发明之后丝逐渐为纸所取代。油纸伞实际出现的时间不明，约于唐朝传至日本、朝鲜。宋朝时称之为绿油纸伞，明朝开始于民间普及，《天工开物》提到：『凡糊雨伞与油扇，皆用小皮纸。』，沈括《梦溪笔谈》也提到：『以新赤油伞，日中覆之。』江南地区由于气候潮湿多雨，当时制伞业十分蓬勃。民间尊奉鲁班妻云氏、弟子泰山为竹匠、制伞祖师。

【鲁班之妻云氏】

【扁鹊】 中医药业

扁鹊（前407—前310），姬姓，秦氏，名缓，字越人，又号卢医，春秋战国时期名医，春秋战国时期渤海郡郑（今河北沧州市任丘市）人。由于他的医术高超，被认为是神医，所以当时的人们借用了上古神话的黄帝时神医『扁鹊』的名号来称呼他。他用一生的时间，认真总结前人和民间经验，结合自己的医疗实践，在诊断、病理、治法上对祖国医学作出了卓越的贡献，在我国医学史上占有承前启后的重要地位，对我国医学发展有较大影响。因此，医学界历来把扁鹊尊为我国古代医学的祖师。

【华佗】 中医药业

华佗，字元化，为东汉末杰出的医学家、科学家。沛国谯（今安徽亳州市）人。通内、外、妇、儿、针灸各科，尤精于外科及针灸。首创酒服『麻沸散』进行全身麻醉后手术，为中国外科手术的先驱。华佗被后人称为『外科圣手』、『外科鼻祖』。

【华佗】

【孙思邈】中医药业

孙思邈（581–682），唐代医药学家，京兆华原（今陕西铜川耀县区）人，被后人称为『药王』『药圣』。他对古典医学有深刻的研究，对民间验方十分重视，一生致力于医学临床研究，对内、外、妇、儿、五官、针灸各科都很精通，有二十四项成果，开创了我国医药学史上的先河，特别是论述医德思想、倡导妇科、儿科、针灸穴位等都是先人未有。

他一生致力于药物研究，边行医，边采集中药，边临床试验，为祖国的中医发展建树了不可磨灭的功德。孙思邈一生著书八十多种，其中以《千金要方》《千金翼方》影响最大，两部巨著60卷，药方论6500首。《千金要方》和《千金翼方》合称为《千金方》，它是唐代以前医药学成就的系统总结，被誉为我国最早的一部临床医学百科全书，对后世医学的发展影响很深远。

【孙思邈】

【孙膑】制鞋业 烧炭业

孙膑，生卒年不详，中国战国初期军事家，兵家代表人物。孙膑原名不详，因受过膑刑故名孙膑。出生于阿、鄄之间（今山东省阳谷县阿城镇、菏泽市鄄城县北一带），是孙武的后代。著有《齐孙子》（《孙膑兵法》）八十九篇、图四卷。孙膑在民间享有很高的声誉，共有制靴、制鞋业、皮革业、烧炭业、豆腐业和泥塑业尊孙膑为祖神。传说孙膑被庞涓暗害后，为保护被削去髌骨的伤腿，用兽皮制成有史以来第一双过膝皮靴，后世的靴匠将孙膑尊为祖师。传说鬼谷子让孙膑、庞涓二人外出寻找『无烟柴』，孙膑在乌鸦『哇哟』的叫声提示下挖窑烧炭，找到『无烟柴』，鬼谷子对孙膑十分满意，而庞涓则对孙膑更加忌恨。从此，人们把孙膑尊为烧炭业的祖神。

【孙膑】

【乐毅】 豆腐业

在民间传说中，乐毅是个大孝子，父母年老，牙掉光了，吃东西不方便，乐毅心疼，就把黄豆浸泡，磨成浆给父母吃。有一天，他正煮豆浆，父亲尝了一口说『什么味儿也没有』。乐毅拿起盐罐子，里面只剩下一些盐卤水，都倒了进去。一会儿，乐毅发现锅里成了白嫩如玉的乳块，家人和邻居品尝后都说好吃。乐毅就取名为『豆府之玉』。老母亲吃得频繁上了火，乐毅请教中医，知道石膏性凉，就把盐卤水换成了石膏，『豆府之玉』更鲜嫩。这就是如今的豆腐。

【乐毅】

【淮南王刘安】豆腐业

江淮大地奉淮南王刘安为祖师。其人为刘邦之孙，袭封淮南王，因『招致宾客方术之士数千人』，集编成《淮南子》一书，并在熬制丹药时，无意间用黄豆、盐卤做成了豆腐脑（即水豆腐）。被称为豆腐业祖师的还有乐毅、孙膑、庞涓、关羽等。

【淮南王刘安】

【蒙恬】制笔业

蒙恬（?—前210），姬姓，蒙氏，名恬，祖籍齐国（今山东省蒙阴县）人，秦朝著名将领。秦统一六国后，蒙恬率三十万大军北击匈奴。收复河南地（今内蒙古河套南鄂尔多斯市一带），修筑西起陇西的临洮（今甘肃岷县），东至辽东（今辽宁境内）的万里长城，征战北疆十多年，威震匈奴。公元前210年冬，秦始皇病死，中车府令赵高同丞相李斯、公子胡亥暗中谋划政变，立胡亥太子。胡亥即位后，赐死蒙氏兄弟，蒙恬吞药自杀。

相传秦将蒙恬率军伐楚，南下至中山地区，因见那里兔毛甚佳，就用来制笔，毛笔就此诞生。《太平御览》引《博物志》曰：『蒙恬造笔。』崔豹在《古今注》中也说：『自蒙恬始造，即秦笔耳。以枯木为管，鹿毛为柱，羊毛为被。所谓苍毫，非兔毫竹管也。』秦朝名将蒙恬曾改良过毛笔，被后人尊奉为制笔业的祖师。

【蒙恬】

【樊哙】屠宰业

樊哙年轻时以杀猪为业，但心地善良，后为观世音菩萨度化，放下屠刀，立地成佛而得道。

【樊哙】

【张飞】

【张飞】 屠宰业

张飞，字翼德，三国时蜀汉大将。小说《三国演义》中说，他在和刘备、关羽一道起兵前，是屠夫。过去屠宰行将张飞拜为祖师，于每年七月十三日祭祀张飞。

【东方朔】相声祖师

东方朔（前154—前93），字曼倩，原本姓张，平原羌次（今山东陵县）人。西汉辞赋家。受汉武帝赏识，得以待诏公车，后以『智取侏儒』待诏金马门，后拜为常侍郎。建元三年（前138），因上书《谏起上林苑疏》被擢拔为太中大夫，后加官给事中。东方朔性格开朗，爱说笑话爱逗唱，被班固称为『滑稽之雄』。东方朔和汉武帝金銮殿上的斗嘴游戏已现相声雏形，两人一唱一和，一逗一捧，雄才大略的汉武帝反倒成了捧哏，被相声界后人供奉为祖师爷。

【东方朔】

【蔡伦】

【蔡伦】造纸业

蔡伦，字敬仲（?—121），东汉桂阳郡人。蔡伦兼任尚方令时，掌管尚方，这是一个主管皇宫制造业的机构，『尚方宝剑』就是尚方制作的宝剑，后来成为最高权力的象征。后改任主管监督制造宫中用的各种器物，这一时期，蔡伦挑选出树皮、破麻布、旧渔网等为原料，试制出既轻薄柔韧，又取材容易、来源广泛、价格低廉的纸，于元兴元年（公元105年）蔡伦将造纸的方法写成奏折，连同纸张呈献皇帝，得到皇帝的赞赏，便诏令天下朝廷内外使用并推广，并封为『龙亭侯』，食邑300户。由于在全国各地逐步推行的新造纸方法是蔡伦发明的，人们便把这种纸都称为『蔡侯纸』，故民间纸槽作坊、纸业店铺均尊其为祖师。

【关羽】 典当业 算命业 香烛业 旅馆业

关羽（？—220年），字云长，河东解良（今山西运城）人，东汉末年名将。关公的忠义勇武仁信，为人正直。因此，千百年来得到了世人的拥戴，不仅受到儒家的崇祀，同时又受到道家、佛家的膜拜，并被历代帝王加封成为横贯儒、道、佛三大中国教派的神祇。随着关羽地位变得显赫，关羽更被尊称为『武王』『武圣人』，与孔子并肩而立。也正因为关羽如此显赫，除了军人、武师奉他为行业神崇拜外，就连典当业、算命业、香烛业、旅馆业、描金业等等不相干的行业也推崇关羽，尊为祖师。

【关羽】

【葛洪】印染业

葛洪（284—364），为东晋道教学者、著名炼丹家、医药学家。字稚川，自号抱朴子，汉族，晋丹阳郡句容（今江苏句容县）人。三国方士葛玄之侄孙，世称小仙翁。他曾受封为关内侯，后隐居罗浮山炼丹。著有《肘后方》一书，曾在炼丹中提炼出各色染料，被后世应用来印染布帛、纸张，故而被尊奉为印染业祖师爷。此行业还敬奉梅、葛二仙为祖师。

【葛洪】

【唐玄宗李隆基】戏曲业

尊唐玄宗李隆基为祖师。因唐玄宗曾召集歌舞艺人与宫女在梨园学艺，并时常亲自执槌击鼓演奏配乐。因而，后世均称戏曲艺人为『梨园兄弟』。同时，也被戏曲业尊为祖师的还有周庄王。

【唐玄宗李隆基】

【吕洞宾】 理发业 戏法 杂技行业

吕洞宾，道教人物，民间传说中的八仙之一，名岩，字洞宾，道号纯阳子。浦州永乐县人，贞元十四年（公元796年）四月相传明太祖朱元璋因头上烂疮剧痛难忍，常杀理发师泄愤，而吕仙化身理发师将朱元璋治疗好，救了不少理发师性命，故被理发业者奉为保护神。另说则是一棵柳树修道成仙，作弄理发师，头发即剃即长。吕祖师化身理发师，以宝剑化剃刀，将柳仙降伏，故被理发行业奉为祖师爷。同时也被戏法、杂技行业祖师。

罗祖，相传吕洞宾座下之柳木，曾以随剃发即长术戏耍剃头师后，经吕洞宾以飞刀变剃刀制伏，故后世理发业供其为祖师。

【吕洞宾】

【张果老】 道情祖师

张果老是古代汉族神话传说八仙之中年龄最大的一位神仙，在汉族民间有广泛影响，他是一位真实的历史人物。张果老，唐朝人，本名张果，由于他年纪很大，所以人们在他的名字上加一个『老』字，表示对他的尊敬。相传他久隐山西中条山，常往来晋汾间。因为他经常手中拿着竹子做的一种说唱用具，所以后世人们就把他看作是『道情』（中国的一种汉族说唱艺术）的祖师，相传于北宋时期聚仙会时应铁拐李之邀在石笋山列入八仙。

【张果老】

【宗泽】火腿业

宗泽（1060—1128），字汝霖，婺州义乌（今属浙江）人，为宋朝名将。相传他发明了火腿的制作方法，流传甚广。

【宗泽】

【毕昇】 印刷业

毕昇（970—1051），中国古代发明家，活字版印刷术发明者。汉族。北宋蕲州（今湖北英山县人）。初为印刷铺工人，专事手工印刷。毕昇发明了胶泥活字印刷术，被认为是世界上最早的活字印刷技术。宋朝的沈括所著的《梦溪笔谈》记载了毕昇的活字印刷术。毕昇活字印刷术的发明，是印刷史上的一次伟大革命，是中国古代四大发明之一，它为中国文化经济的发展开辟了广阔的道路，为推动世界文明的发展作出了重大贡献。

【毕昇】

【丘处机】玉石 玉器业

丘处机（1148—1227），山东人，年长后出家学道，隐居于龙门山潜修，修炼成功后，创立了道教龙门派。传说，长春真人丘处机是位制玉大师，曾亲手制作了一顶『金丝嵌玉道冠』，因而玉器行同业公会尊其为祖师。玉器行同业公会为借丘处机的仙气为玉器行会馆增辉，则尊丘处机为祖师，每年正月十九日在馆内举行丘处机诞辰祭礼；七月二十八日在馆内举行丘处机仙逝祭礼。每至祭祖之日，玉器行同业工会全体同仁还要到北京的道教活动中心白云观参加祭祀活动。

【丘处机】

【黄道婆】纺织业

黄道婆（约1245—1330），又名黄婆或黄母，黄道婆生于上海乌泥泾镇（现在的徐汇区华泾镇）的一个穷苦人家。当时，正是宋元更替、兵荒马乱之际。正值少年时的黄道婆流落至崖州（今海南崖县），从黎族人学习了纺织技术。后回乡改革、推广轧花、纺车和织机技术。由于传授先进的纺织技术以及推广先进的纺织工具，而受到百姓的敬仰。在清代的时候，被尊为织布业的始祖。

【黄道婆】

【柳敬亭】评书业

柳敬亭（1587—1670），原姓曹，名永昌，字葵宇，号逢春，祖籍南通州余西场（现余西古镇）人。明末清初著名评话艺术家。康熙元年（1662），柳敬亭于淮南随清漕运总督蔡士英北上至北京，演出于各王府之间，和官僚政客接触频繁，有相当影响。被后人誉称为『柳评书』。被尊奉为说书行业祖师。

【柳敬亭】

历史圣贤

【仓颉】

【仓颉】字圣

仓颉，史皇氏，是黄帝时期造字的史官，被尊为『造字圣人』。曾把流传于先民中的文字加以搜集、整理和使用，在汉字创造的过程中起了重要作用，为中华民族的繁衍和昌盛作出了不朽的功绩。汉代后，在《淮南子》和《论衡》中，已从『仓颉造字』发展为『仓颉四目』，开始神化。尤其是汉代的《春秋元命苞》一书，又进而渲染，仓颉『生而能书，又受河图录书，于是穷天地之变，仰视奎星圜曲之势，俯察鱼文鸟羽，山川指掌，而创文字』。

【孙武】 兵圣

孙武（约前545—前470），字长卿，齐国乐安人，春秋时期著名的军事家、政治家，尊称兵圣。后人尊称其为孙子、孙武子、百世兵家之师、东方兵学的鼻祖。他撰著的《孙子兵法》十三篇，被誉为『兵学圣典』，为后世兵法家所推崇，在中国乃至世界军事史、军事学术史和哲学思想史上都占有极为重要的地位，并在政治、经济、军事、文化、哲学等领域被广泛运用。

【孙武】

【司马迁】 史圣

司马迁（前145—前90），字子长，夏阳（今陕西韩城南）人，一说龙门（今山西河津）人。中国西汉伟大的史学家、文学家、思想家。公元前91年（征和二年）完成《史记》，全书130篇，后因替李陵败降之事辩解而受宫刑，后任中书令。发奋继续完成所著史籍，被后世尊称为圣、太史公、历史之父。

【司马迁】

【张仲景】医圣

（150～154—215～219），名机，字仲景，东汉南阳涅阳县（今河南省邓州市穰东镇张寨村）人。东汉末年著名医学家，被后人尊称为医圣。张仲景广泛收集医方，写出了传世巨著《伤寒杂病论》，是中医四大经典著作之一。书中全面阐述了中医的理论和治病原则，是我国最早的理论联系实际的临床诊疗专书。它确立的辨证论治原则，是中医临床的基本原则，是中医的灵魂所在。

【张仲景】

【王羲之】书圣

王羲之（303—361），字逸少，原籍琅邪临沂（今属山东），后迁居山阴（今浙江绍兴），中国东晋书法家，官拜右军将军，人称王右军。其书法师承卫夫人、钟繇。王羲之在书法艺术史上取得的成就影响巨大，被后人誉为古今之冠，尽善尽美。王羲之无真迹传世。著名的《兰亭集序》等帖，皆为后人临摹。被后世尊奉为『书圣』。

【王羲之】

【杜甫】

【杜甫】 诗圣

杜甫（712—770），字子美，汉族，自号少陵野老，唐代伟大的现实主义诗人，祖籍襄阳，生于河南巩县。共有约1500首诗歌被保留了下来，大多集于《杜工部集》。其思想核心是儒家的仁政思想，他有『致君尧舜上，再使风俗淳』的宏伟抱负。杜甫在中国古典诗歌中的影响非常深远，被后人称为『诗圣』，他的诗被称为『诗史』。

【吴道子】画圣

吴道子（约680—759），唐朝开元道士，又名道玄，擅长作诗作画。唐代著名画家，画史尊称画圣，同时被敬奉为绘画业鼻祖的还有钟繇和王维。

【吴道子】

【陆羽】茶圣

陆羽（733—804），字鸿渐，又名疾，字季疵，号竟陵子、桑苎翁、东冈子，又号『茶山御史』。复州竟陵（今湖北省天门市）人，唐代著名的茶学专家，陆羽一生嗜茶，精于茶道，对茶叶有浓厚的兴趣，长期实施调查研究，熟悉茶树栽培、育种和加工技术，并擅长品茗。唐朝上元初年（760），陆羽隐居江南各地，撰《茶经》三卷，成为世界上第一部茶叶专著。被后世誉为『茶仙』，尊为『茶圣』。

【陆羽】

民间神话人物

【盘古】

中国民间神话传说人物，是中国民间神话体系中最古老的神，它的产生很古老，长期流传在人们口头，盘古神话流传时间下限至东汉时代，盘古的化万物一说，最早出现在南朝梁人任昉所作的《述异记》。从盘古神话在汉魏以后『传之甚广』，被广泛吸收并加以多种演绎看，并将其传唱为『开天辟地生乾坤，生得乾坤生万物，生得万物人最灵』的创世之神。

【盘古】

【福禄寿】

福星是汉族民间信仰的神仙之一，象征能给大家带来幸福、希望的人或事。禄星是汉族民间信仰中主管功名利禄的星官。古代封建社会以科举取士。禄、即官吏的俸禄。寿星为中国神话中的长寿之神，又称南极老人星。

【福禄寿】

【床神】

汉族民间认为床神是住宅神中的重要神灵之一，有公婆两位，称之床公、床婆。这是因为人的一生中，有三分之一的时间是在床上度过的，与人关系如此亲密的床神，自然受人祭拜。尤其是不会走动的婴儿，睡眠时间长，与床的关系更为密切，所以民间乃以床母为儿童的保护神。传说周文王夫妇生有一百个儿子，成为保佑房帏的神。祭祀床神是根源于古人自然崇拜中的庶物崇拜（窗、灶、井、门等）。旧时民间除夕接灶神后，接着还要祭床神；有的地区在上元日后一日，即农历正月十六祭床神。除正月十六外，日常行为中结婚、育儿、生病、丧葬等，都要祭祀床神。

【床神】

【灶君】五祀之神之灶君

灶王爷又称灶君，司命菩萨或灶君司命。中国古代神话传说中的司饮食之神。晋以后则列为督察人间善恶的司命之神。汉族民间传说灶神原是一个很善良的人，因贫困而死；玉皇大帝哀怜他，封他为『九天东厨司命灶王府君』，派他到人间作督善之神，负责管理各家的灶火。每年农历十二月二十三日晚，上天汇报，除夕日返回人间。

【灶君】

【土地】

【土地】五祀之神

土地公又称福德正神，是汉族民间宗教信仰之一，其供奉的土地庙属于中国分布最广的祭祀建筑。土地公本名张福德，自小聪颖至孝；三十六岁时，官朝廷总税官，为官清廉正直，体恤百姓之疾苦，做了许许多多善事。102岁辞世。死后三天其容貌仍不变，有一贫户以四大石围成石屋奉祀，过了不久，即由贫转富，百姓都相信是神恩保佑，于是合资建庙并塑金身膜拜，因此生意人常祭祀之。亦有说在他死后，接任的税官上下交征，无所不欲，民不堪命。这时，人民想到张福德为政的好处，念念不忘，于是建庙祭祀，取其名而尊为『福德正神』。土地公信仰寄托了汉族劳动人民一种祛邪、避灾、祈福的美好愿望。

【井神】 五祀之神

井神是汉族民间传说中的神灵之一。据《白虎通·五祀》中说，五祀者，谓之门、户、井、灶、土，人们在很早的时候，就有祭祀井神等五种『家神』了。井神一般没有塑像、庙宇，人们就在井台上举行一个简洁的祭祀仪式。而在北方一些地区，汉族民间有祭奉水母娘娘的习俗，也有水母娘娘庙，传说她是一位年轻的女井神。

【井神】

【门神】五祀之神

门神是农历新年贴于门上的一种画类，源于古时挂在门上驱邪的桃符，作为道教和汉族民间共同信仰的守卫门户的神灵，有武门神和文门神之分，其中，武门神左为门丞，右为户尉。人们都将其神像贴于门上，用以驱邪辟鬼，卫家宅，保平安，助功利，降吉祥等，是汉族民间最受人们欢迎的保护神。道教因袭这种信仰，将门神纳入神系，加以祀奉。秦琼、尉迟恭是门神中的武门神，大约元代以后，才祀之为门神，然二人确为唐人。据明《正统道藏》中的《搜神记》和《三教搜神大全》及《历代神仙通鉴》等记载，二门神除唐代秦琼（秦叔宝）、尉迟恭（尉迟敬德）二将军外，还有神荼、郁垒，方相、方弼等，文门神以天官、和合二仙居多。

【门神】

【马王爷】

马王爷即马神，一般俗称马王爷，源于古时祭祀马神制度，全名叫『水草马明王』。是汉族民间供奉的神灵，在北方『五圣庙』中尊为五神之首。传说长有三只眼，又称『三眼灵光』『三眼灵曜』。相传某年某月的某一天，玉皇大帝派星日马（这是马王爷的学名）和娄金狗、奎木狼、虚日鼠下凡，去四方巡察善恶。这四个神东南西北各走一方，没几天，先后返回天庭向玉帝述职。其他三个神所报的均是善人善事，说下界一片歌舞升平景象。只有星日马查访的善恶之事都有，并且有豪强欺负穷人的事。玉帝看了有所怀疑，就派太白金星下界复查。得知娄金狗三神所报不实，他们在下界贪吃受贿，昧着良心说了假话。星日马廉洁奉公，好坏善恶如实奏报。玉帝连声夸他明察秋毫，又赐给他一只竖着长的眼睛。从此，马王爷比以前更加目光如炬，人见人怕。于是，民间流传这样一句俗语，『你可知道马王爷，三只眼不是好惹的』。后被道教道教尊为『灵官马元帅』。

【马王爷】

【钟馗】

钟馗，中国民间传说中能打鬼驱除邪祟的神。其由来，按主流说法源于古代一种被用来『逐鬼之椎』的大棒，或驱逐疫鬼『大傩之仪』。传说据古书记载他是唐初雍州终南人，即今陕西省西安秦岭中段终南山下周至县终南镇终南村（一说为今户县阿姑泉一带）人，其虬髯，相貌奇异；然而却是个才华横溢、满腹经纶、学富五车、才高八斗的人物，平素正气浩然，刚直不阿，因长相丑陋，遭奸人陷害，被取缔状元功名，遂在金殿之上撞柱而亡，后因驱除骚扰唐明皇身边的鬼魅，被封为驱魔大神

【钟馗】

【总城隍纪信】

【总城隍纪信】

汉族宗教文化中普遍崇祀的重要神祇之一，大多由有功于地方民众的名臣英雄充当，城隍，起源于古代的水（隍）庸（城）的祭祀，为《周官》八神之一。『城』原指挖土筑的高墙，『隍』原指没有水的护城壕。早在周朝，每到收获之后，到了除夕，人们都要腊祭八神，其中第七神就是水庸神，水即隍，庸即城，水庸神即城隍神。城隍爷，是汉族民间和道教信奉守护城池之神，他是冥界的地方官，职权相当于阳界的市长。

纪信（？—前204），汉书高帝本纪作纪成，汉朝将军。曾参与鸿门宴，随刘邦起兵抗秦。由于身形及样貌恰似刘邦，在荥阳城危时假装刘邦的样貌，向西楚诈降，被俘，最终被项羽用火刑处决。刘邦称帝后，择上林苑自己打猎休息之地（今长安王曲镇），修建大型庙堂并祭祀。『文景』二帝时期，为了顺应民心、强化统治，遂将供奉的纪信封为城隍神，完成了城隍由自然神转变为人神。

【太阳神羲和】

羲和是中国古代汉族神话传说中人物，传说她和天帝帝俊有十个儿子，他们都是金乌的化身，金乌是汉族神话中太阳之灵，形态为三足乌鸦，共有十只，它们住在东方大海扶桑树上，轮流由它们的母亲——羲和驾车从扶桑升起，途经曲阿山，曾泉，桑野，隅中，昆吾山，鸟次山，悲谷，女纪，渊虞，连石山，悲泉，虞渊。因此羲和又被尊为太阳神。因为有着这样不同寻常的本领，所以在上古时代，羲和又成了制定时历的人。上古时期炎帝属火德，也被尊为太阳神。传说女娲伏羲之后，不知隔了若干年代，又出现了一个太阳神炎帝。他和兽身人脸的火神祝融共同治理着南方一万二千里的地方，是南方的天帝。春秋战国时期诗人屈原的组诗《九歌》中记载，楚国人尊奉的东君也是太阳神，楚人称之为日神，汉武帝时期祭祀的太阳神就是东君，从此，历代帝王祭祀的太阳神都是东君。

【太阳神羲和】

【后羿】

【后羿】

又名羿、大羿，是唐尧的射师，被唐尧封于商丘，迎娶了帝喾之女嫦娥为妻。传说当时天上有十个太阳，烧得草木，庄稼枯焦，伊祁放勋（也作伊耆放勋，即尧）请来了大羿，一连射下九个太阳，从此地上气候适宜，万物得以生长。他又射杀猛兽毒蛇，为民除害。民间因而奉他为『箭神』。根据神话记载，因为射日立下大功所以得到了天帝的褒奖，但是也得到了很多人的嫉妒，所以天帝听进谗言，就把大羿、嫦娥夫妻放逐到了人间，嫦娥因过不惯人间的苦日子，遂得灵药朝月亮飞去，大羿郁郁而终。其故事来自《淮南子·览冥训》。

【嫦娥】

嫦娥，中国上古神话传说人物。上古时期三皇五帝之一帝喾（天帝帝俊）的女儿、后羿之妻，其美貌非凡，本称姮娥，因西汉时为避汉文帝刘恒的忌讳而改称嫦娥，又作常娥。也有称其姓纯狐，名嫄娥。神话中因偷食大羿自西王母处所求得的不死药而奔月成仙，居住在月亮上面的广寒宫之中。后被道教中称太阴星君（月神），道教以月为阴之精，尊称为月宫黄华素曜元精圣后太阴元君，或称月宫太阴皇君孝道明王，作女神像。

【嫦娥】

【精卫】

太阳神炎帝有一个小女儿，名叫女娃，是他最钟爱的女儿。有一天，女娃驾着小船，到东海去游玩，不幸海上起了风浪，像山一样的海浪把小船打翻，女娃就淹死在海里，永远回不来了。女娃不甘心她的死，她的魂灵变化做了一只小鸟，名叫『精卫』。精卫长着花脑袋、白嘴壳、红脚爪，大小有点像乌鸦，住在北方的发鸠山。她恨无情的大海夺去了她年轻的生命，因此她常常飞到西山去衔一粒小石子，或是一段小树枝，展翅高飞，一直飞到东海。她在波涛汹涌的海面上回翔着，把石子或树枝投下去，要想把大海填平。旧时比喻仇恨极深，立志报复。后比喻意志坚决，不畏艰难，是古人颂扬善良愿望和锲而不舍精神的神话故事。

【精卫】

【月老】

月老，又称月下老人、月下老儿。中原（宋州）人，是中国民间一个家喻户晓的人物，中国民间传说中主管婚姻的红喜神，也就是媒神。月老这一形象最初出现在唐朝小说家李复言的小说集《续玄怪录》的《定婚店》中。月下老人以赤绳相系，确定男女姻缘，反映了唐人姻缘前定的观念，这是唐朝人命定观的表现之一；其实命运是不可预知且时刻存在变数，正所谓：谋事在人，成事在天，若命运真是注定的，宇宙也将会失去前进的动力，故而切勿迷信命定观。

【月老】

【五路财神】

五路财神是汉族民间普遍信奉的神灵，分别为赵公明及其四位义兄弟或部将。除了中路为武财神赵公明外，其余四路为东路财神招宝天尊萧升、西路财神纳珍天尊曹宝、南路财神招财使者陈九公、北路财神利市仙官姚少司。这可能是受到了五行观念的影响，认为天地广阔，财宝当然也要区分处理。拜五路财神，就是收尽东南西北中五方之财的意思。每年正月里的祭财神，也寄托了汉族劳动人民一种辟邪除灾、迎祥纳福的美好愿望。

【五路财神】

【韩信】 仓神

我国北方，每年正月二十五都要过填仓节。『填仓节』，也叫『天仓节』，是旧历正月最后的一个节日，也是民间象征新年五谷丰登的节日之一。相传，填仓节是为了纪念仓神韩信。据清韶公《燕京旧俗志·岁时篇·添仓》记载：韩信被刘邦拜为大将之前，曾安排他去管理粮仓。韩信对于粮仓管理提出了『推陈出新』的管理理念，把粮仓前后开两个门，前门进新粮，后门出旧粮，一方面粮仓通风，更重要的是粮仓的新旧粮食更科学地循环，不易造成霉变。后来便被奉为仓神，正月二十五是韩信的生日，后人为了纪念韩信，便将正月二十五日定为『填仓节』。

道教神话人物

【元始天尊】

元始天尊——道教最高神之一，又名『玉清紫虚高上元皇太上大道君』、『玉清元始天尊』。《历代神仙通鉴》称元始天尊为『主宰天界之祖』。在太元（即宇宙）诞生之前便已存在，所以尊为元始。在无量劫数来临之时，用玄妙的大道来教化众生，故而尊为天尊。其早期的形象是元始天王，一般被认为与元始天尊是同一神，但起初这是道教上清派的观点，被道教上清派信奉的最高祖师之一。

【元始天尊】

【灵宝天尊】

灵宝天尊名经宝，又称上清大帝或灵宝道君，全称『一气化三清上清居禹馀天真登上清境元气所成日灵宝君灵宝天尊妙有上帝』由大道赤混太无元玄黄之气化生。灵者，众圣之通称也。宝者，众圣之所珍也；故名灵宝。是汉族民间信仰和道教尊奉的神仙之一，上清派最高神。

【灵宝天尊】

【道德天尊】

即太上老君，是公认的道教教祖，即太清道德天尊。又称道祖、太上道祖、开皇末劫天尊、道德天尊、降生天尊、混元上帝、师宝天尊。其原型为生活在先秦的春秋末期道家创始人老子，著有五千字的《老子》（《道德经》），此书被视为道家的开创之作及道教的经典。东汉张陵继承汉代的黄老道，创立了天师道的教团，用黄老之术教化西蜀少数民族所信仰的宗教，于是老子自然而然成为新教团的教主。汉魏时期，太上老君是早期道教教团组织的最高的神。

【道德天尊】

【玉皇大帝】

玉皇大帝全称昊天金阙无上至尊自然妙有弥罗至真玉皇上帝，又称『玉皇天尊』『昊天通明宫玉皇大帝』『玄穹高上玉皇大帝』。玉皇大天尊全号为『太上开天执符御历含真体道金阙云宫九穹历御万道无为通明大殿昊天金阙玉皇大天尊玄穹高上帝』。玉皇大帝居于太微玉清宫，统领三界十方内外诸神与芸芸众生，并管辖世间一切兴隆衰败、吉凶祸福。玉皇大帝在汉族民间信仰影响中是众神之最，所以拜天公的仪式也超越了三清天尊，比一般神明来得隆重。另外，玉皇大帝乃是道教神祇，并非佛教与印度文化中的『帝释天』。道教认为人应修性守道，清静寡欲，否则迷沦有欲，淆乱本真。不能返朴归根，与道同体，其神便入五道。道教仙真教人修炼纯阳，秽质炼化，只留一团阳气，阳气清轻上浮而属天，自然上升为仙，跳出三界外，不在五行中，脱离阴阳二气的束缚，而不受业报轮转之苦。

【玉皇大帝】

【紫微大帝】四御大帝

紫微大帝在汉族民间信仰中占有重要地位，属于道教四御之一，并为四御之首，位居昊天金阙无上至尊自然妙有弥罗至真玉皇上帝之下（也有六御说法），全称为『中天紫微北极太皇大帝』，紫微又叫紫微垣、紫宫、紫微星，位处三垣之中的中垣，是星座上属帝王之所居，皇宫又叫紫禁城即是这一来历。

紫微大帝是斗姆元君的次子，天皇大帝的胞弟。为紫微垣的星君，道教认为，紫微垣位居苍天众星的正中，协助玉皇大帝掌控星斗、日月等，是众星之主。紫微大帝也是人世间帝王的象征，尤其主宰皇家祸福。汉传佛教中，紫微大帝也被禅宗、天台宗等寺庙奉为二十四天护法神之一。

【紫微大帝】

【勾陈大帝】四御大帝

勾陈上宫天皇大帝，又作西方太极天皇人帝简称『勾陈大帝』『天皇大帝』，为道教尊神『四御』中的第三位神。

勾陈大帝是斗姆元君的长子，紫微大帝的胞兄。奉玉皇上帝敕命，执掌天地人三才，主管人世间的众生，与一切兵戎、战争之事，故亦是武神。《晋书·天文志》：『勾陈宫中一星曰天皇大帝，其神曰耀魄宝，主御群灵执万神图。』

天皇大帝与北极紫微大帝一样源于我国古代星辰崇拜，《上精灵宝大法》卷四称天皇大帝：『乃北极帝座之左，有星四座，其形联缀微曲如勾，是名勾陈，其下一大星正居其中，是为天皇大帝也。其总万星，位同北极却为枢纽，而天皇亦随天而精，上应始先刂(x ì n)。』其实，勾陈同『钩陈』，是天上紫微垣中的星座名，靠近北极星，共自六颗星组成。《星经》称：『勾陈六星在五帝下，为后宫，大帝正妃。又住天子六将军，又主三公。』所以后人又以勾陈为后宫。

【勾陈大帝】

【长生大帝】四御大帝

南极长生大帝，又名玉清真王，为元始天王九子。汉族神话中的长寿之神。又称南极真君、长生大帝，因为他主寿，所以又叫『寿星』或『老人星』。明朝以后，汉族民间常把寿星与福、禄二星结合起来祭祀，合称福、禄、寿，成为人们最受欢迎的三个福神，作为汉族民间吉祥如意象征，故汉族民间祝寿时，常在正屋面墙上悬挂福、禄、寿的中堂两侧面寿联为『福如东海、寿比南山』。

【长生大帝】

【后土皇地祇】 四御大帝

后土是道教尊神『四御』之一，全称是『承天效法后土皇地祇』。与主宰天界的玉皇大帝相配，是主宰大地山川的女性神。承天效法后土皇地祇。后土信仰最早源于古代土地崇拜，据《礼记·郊特牲》说：『地载万物，天垂象，取材于地，取法于天，是以尊天而亲地也。放教民美报焉。』古代人们生活有赖大地，故『亲地』，并加以『美报』、献茶，遂有『后土』崇拜，早于对天的崇拜。

【后土皇地祇】

【王母娘娘】

【王母娘娘】

王母即为西王母，始见于《山海经》，因所居昆仑山在西方，又叫西昆仑，故称西王母。又称金母或金母元君，据说原是掌管灾疫和刑罚的上古女神。王母娘娘在汉代时成为重要的汉族民间信仰，西王母信仰中包含的长生不老理念也投合了道教对长生的追求。东汉末年，道教兴起，把作为上古先祖神祇的她纳入道教神话体系，并且逐渐演变为高贵的女神，为道教统领三界所有女神仙的祖师，即为所有女仙及天地间一切阴气的首领。护佑婚姻和生儿育女之事的女神，是中国神话中的一位至高无上的女神。

【斗姆元君】

斗姥元君简称斗姆，又称斗母元君，中天梵气斗姥元君。她是汉族民间信仰的一位神仙，属于道教神名。是继承上古时代汉族先民对星斗崇拜的信仰而来。是现今宇宙开始时，宇宙中最宏大华贵祖母之气的精神。是现今宇宙时空与星辰灵性之祖母。『斗』在中华文明里，划分天域时分为三垣五斗众星。『姆』指祖母。道经云，斗姆『为众星之母』。道观中供奉的斗姥都是三目、四首、八臂，并称斗姥元君的圣诞是农历的九月初九。

【斗姆元君】

【真武大帝】

【真武大帝】

真武大帝又称玄天上帝、玄武大帝、佑圣真君玄天上帝、无量祖师，全称真武荡魔大帝，是汉族神话传说中的北方之神，为道教神仙中赫赫有名的玉京尊神。真武大帝的形象非常威武，其身长百尺，披散着头发，金锁甲胄，脚下踏着五色灵龟，按剑而立，眼如电光，身边侍立着龟蛇二将及记录着三界功过善恶的金童玉女。

道经说：真武大帝是太上老君第八十二次变化之身，托生于大罗境上无欲天宫之净乐国，乃国王之子。净乐国善胜王后梦见自己吞日而孕，怀胎十四个月之后，生下一王子，国王和王后喜爱至极，并将他命名为『太玄』。太玄很小就显露出聪颖的天资，十岁时，便可读各种书籍至过目不忘。国王和王后将其视为掌上明珠，然而，太玄只想修行，且一心向道，并发誓要扫尽妖魔。

【天妃妈祖】

天妃娘娘，又称天后娘娘，简称天妃，俗称妈祖。是流传于中国沿海地区的汉族民间信仰。是历代航海船工、海员、旅客、商人和渔民共同信奉的神祇。汉族民间在海上航行要先在船舶启航前祭妈祖，祈求保佑顺风和安全，在船舶上立妈祖神位供奉。

【天妃妈祖】

【三官大帝】

上元天官：天官是古代汉族神话中的天神。天官名为上元一品赐福天官，隶属玉清境。天官由青黄白三气结成，总主诸天帝王。每逢正月十五日，即下人间，校定人之罪福，故称『天官赐福』。关于天官来历有很多说法，较主流有：紫微大帝和上古时期的君王唐尧。

中元地官：地官名为中元二品赦罪地官，清虚大帝，隶属上清境。地官由元洞混灵之气和极黄之精结成，总主五帝五岳诸地神仙。每逢七月十五日，即来人间，校戒罪福，为人赦罪。中元地官较主流的说法为上古时代君王虞舜。

下元水官：水官名为下元三品解厄水官，洞阴大帝，隶属于太清境。水官由风泽之气和晨浩之精结成，总主水中诸大神仙。每逢十月十五日，即来人间，校戒罪福，为人消灾。民间认为水官为上古时期治水的君王夏禹。

【三官大帝】

【菩提祖师】

【菩提祖师】

《西游记》中的人物，是孙悟空的师父，也是一位祖师级人物。他具有佛教的名字，道家的气质打扮，儒家的行事思想。迎合了当时三教合一的思潮。

【托塔天王】

【托塔天王】

由佛教中多闻天王与唐代名将李靖演变合成而来，李靖，唐初名将，陕西三原人，唐太宗时任兵部尚书，因为他战功显赫，故死后封为『卫国公』。传说因死后经常显灵，为百姓救危解厄，百姓为其建庙供奉，于是到晚唐时候，李靖渐渐被神化了。

【太白金星】

太白即金星，亦名启明，长庚，明星。太白金星是汉族民间信仰及道教神仙中知名度最高的神之一，本为道家先哲老子的唯一学生，后悟得老子口中之道教真言，为感恩老子真传，在其得道地修建了道德中宫。传说太白金星主杀伐，古代诗文中多以比喻兵戎。

【太白金星】

【赤脚大仙】

赤脚大仙是汉族民间传说和道教传说中的仙人，是仙界的散仙，一般情况下他总是在四处云游，以其赤脚装束最为独特，汉族民间传说中他常常下凡来到人间，帮助人类铲除妖魔。他性情随和，平常以笑脸对人，对有心向善的妖怪也会网开一面，但对邪恶妖怪却从不留情，双脚就是他的武器，曾经降服众多妖魔，是天下妖怪的克星。据说赤脚大仙身上带有不属于六界的异宝，令他不惧百毒。

【赤脚大仙】

【二郎杨戬】

又称二郎显圣真君、灌口二郎、二郎真君、灌江神、赤城王、清源妙道真君等，是民间信仰和道教的神祇人物。民间多认为他是一位与水利、农耕、防止水灾有关的神，甚至是水神，有些戏班说二郎神就是戏神老郎神，还被奉为猎神、蹴鞠神、雷神、酒神等。传说，二郎神本名赵昱，约生活在7世纪初。在隋炀帝时，他做了一个地方官，公正无私，使当地百姓安居乐业。那时，当地的一条河里有蛟龙（一种水中巨兽），经常危害百姓，引起恐慌。于是他就带了一把刀，独自一人跳到河里与蛟龙搏斗，并最终杀死它，解除了人们的痛苦。后来他辞去官职，到青城山里修炼道术，终于成了神仙。至于《封神演义》为何要以杨戬为二郎神，各家解释不一。其中一种说法：二郎神的必需祭品是羊，每羊过城得纳税五百，羊与杨同音，指二郎神以代杨戬，这可能是敢怒不敢言的老百姓所用的诨号，历久这二郎神便真的说是杨戬了。

【二郎杨戬】

【哪吒】

传说多闻天王有许多儿子，一子名独健，一子名哪吒（一说哪吒是多闻天王的孙子），是佛教的重要护法神。后演变成道教的中坛元帅、通天太师、威灵显赫大将军、三坛海会大神等，俗称太子爷、三太子。对于『哪吒』名字的来历，通行的说法是，『哪吒』是梵语中那罗鸠婆（Nalakubala）的简译，『那罗鸠婆』的意思是『俱毗罗（Kubela 即毗沙门天王）的儿子』，也就是说，Nalakubala 是由 Nala 和 Kubala 或 Kubela 两个部分合成的，即哪吒译自于 Nala。

【哪吒】

【文昌帝君】

【文昌帝君】

文昌帝君是汉族民间和道教尊奉的掌管世人功名禄位之神。文昌本星名，亦称文昌星，或文星，古时认为是主持文运功名的星宿。其成为汉族民间和道教所信奉的文昌帝君，与梓潼神张亚子有关。东晋宁康二年（374），蜀人张育自称蜀王，起义抗击前秦苻坚，英勇战死，人们在梓潼郡七曲山为之建张育祠，并尊奉他为雷泽龙神。其时七曲山另有梓潼神亚子祠，因两祠相邻，后人将两祠神名合称张亚子，并称张亚子仕晋战殁。实为《晋书》所载张育之事。

【魁星】

魁星，中国古代星宿名称，指北斗七星的第一星天枢。也是汉族神话中所说的主宰文章兴衰的神，在儒士学子心目中，魁星具有至高无上的地位。魁星信仰盛于宋代，从此经久不衰。相传七月七日为魁星诞，故民间在这天又白魁星的习俗。

魁星面目狰狞，金身青面，赤发环眼，头上还有两只角，整个仿佛是鬼的造型。这魁星右手握一管大毛笔，称朱笔，意为用笔点定中式人的姓名，左手持一只墨斗，右脚金鸡独立，脚下踩着海中的一条大鳌鱼（一种大龟）的头部，意为『独占鳌头』，左脚摆出扬起后踢的样子以求在造形上呼应『魁』字右下的一笔大弯勾，脚上是北斗七星，即魁星踢斗。

【魁星】

【文曲星君】

文曲星，星宿名之一。在中国古代汉族神话传说中，文曲星是主管文运的星宿，文章写得好而被朝廷录用为大官的人是文曲星下凡。汉族民间出现过的文曲星包括：比干、范仲淹、包拯、文天祥、许仙的儿子许仕林、刘伯。文曲星属癸水，是北斗星，主科甲功名，文曲与文昌同属为福星，代表有文艺方面的才能或者爱好文学及艺术。文曲星不同于文昌星的是，此星带有桃花，若女命再逢巨门同宫，自甘堕落、水性杨花。文曲星喜与文昌星同宫，可对照充分发挥其才艺，若再遇武曲星同宫，主博学多能。不过要兼顾到父母宫的好坏，配合判断等等。

【文曲星君】

【武曲星君】

武曲星，汉族民间信仰之一。五行阴金，化气为财，为财帛宫主，成为财富之神，司掌财富、武勇。若入财帛宫，主财旺，必是理财高手。与天府星同坐则有寿。武曲星又是寡宿星。主孤寡，入六亲宫，易与该六亲无缘，容易陷入孤独寂寞之中。武曲星喜与六吉同宫，可增添其力量，武曲星也喜化禄、化权、化科星增其光辉，若与火星、化忌星、孤辰星、寡宿星同宫，则其性质变化很大，必须另行论断。

【武曲星君】

【九天玄女】

【九天玄女】

九天玄女，又称玄女，俗称九天娘娘、九天玄女娘娘、九天玄母天尊。原始形象是玄鸟，传说她是古代王朝商朝的始祖，中国上古神话中的战争女神。其信仰发源可追溯至先秦以前。早在隋朝之前，就有一部叫《黄帝问玄女兵法》的著作。书中详细记载了九天玄女以人首鸟身之像现身助黄帝战胜蚩尤的故事。可看出女神与历史渊源之久，这是对九天玄女最早的记载。后经道教奉为高阶女仙与术数神，成为一位深谙军事韬略，法术神通的正义之神。

【火德星君】

南方火德星君即火神，汉族民间信仰之一。汉代即有关于四方神之说：『东方青龙、西方白虎、北方玄武、南方朱雀。天之四灵，以正四方』。古代汉族人民认为南方之神主火。经历代演变，人们逐渐将火神作为灶神奉祀。

【火德星君】

【八仙】

八仙是汉族民间传说中广为流传的道教八位神仙。八仙之名，明代以前说法不一，有汉代八仙、唐代八仙、宋元八仙，所列神仙各不相同。至明代吴元泰《东游记》始定为：铁拐李（李玄）、汉钟离（钟离权）、张果老、蓝采和、何仙姑、吕洞宾（吕岩）、韩湘子、曹国舅（曹景休）。

【八仙】

【水德星君】

水德星君又称水神，汉族民间信奉的神仙之一。《太上洞真五星秘授经》则径直以木、金、火、水、土称五星君，并对水德星君的服饰、职掌作了如下描述：『北方水德真君，通利万物，含真娠灵，如世人运气逢遇，多有种劾掠之苦。宜弘善以迎之。』在古代汉族神话系统中，水神是传承最广影响最大的神祇。

【水德星君】

【麻姑】

麻姑又称寿仙娘娘、虚寂冲应真人，汉族民间信仰的女神，属于道教人物。据《神仙传》记载，其为女性，修道于牟州东南姑馀山（今山东莱州市），中国东汉时应仙人王方平之召降于蔡经家，年十八九，貌美，自谓『已见东海三次变为桑田』。故古时以麻姑喻高寿。又流传有三月三日西王母寿辰，麻姑于绛珠河边以灵芝酿酒祝寿的故事。过去汉族民间为女性祝寿多赠麻姑像，取名麻姑献寿。

【麻姑】

【刘海】

道教主流『全真道』北五祖之一，是汉族民间信奉的准财神，名操字宗成，号海蟾子，又字昭远，五代燕山（今北京西南宛平）人，一说为陕西户县人。在辽应举，中甲科进士，事五代燕主刘守光，官至丞相，平素好性命之学，崇尚黄老之道。元世祖封其为『海蟾明悟弘道真君』，元武宗加封为『海蟾明悟弘道纯佑帝君』。海蟾子得吕纯阳授以清静无为，养性修命及金液还丹诸法。后传门人董凝阳，张紫阳。

【刘海】

【梅山六圣】

梅山六圣（兄弟）一般指康太尉康安裕，张太尉张伯时，李太尉李焕章，姚太尉姚公麟梅山四太尉和直健、郭申二位将军，合称梅山六圣。起源于古代湘中梅山地区的传统宗教——梅山教。由于道教在长江中游地区的传播，使得梅山蛮（瑶族先民）较早地受到了道教的影响，因此，梅山教具有融摄道教法术和原始巫教的特点。明吴承恩在《西游记》中讲二郎真君率领梅山六兄弟收降妖猴；而明陆西星《封神演义》讲杨戬、哪吒收服的梅山七圣，是猿、猪、羊、牛、狗、蜈蚣、蛇七种精灵，成为二郎神手下部将，其实是梅山教巫法的象征。

【梅山六圣】

【千里眼　顺风耳】

根据《天妃显圣录》之说，千里眼、顺风耳原为西北方金精、水精。金精具有火眼，能见千里之外的事物；水精则听力灵敏，能听见千里外的声音，二位精怪经常出没西北为害民众，后来经妈祖出面收服二人，乃成为妈祖部将。

【千里眼　顺风耳】

【四值功曹】

功曹原本是古时候帝王手下官职，最后被道教神职所使用，为玉帝的手下，每次做道场时所烧的祈福文本，正是由值职时功曹分别派送给所求的尊神。是汉族民间信仰和道教所奉的的天庭中四神，相当于天界的值班神仙。分别为：值年功曹李丙、值月功曹黄承乙、值日功曹周登、值时功曹刘洪。

【四值功曹】

佛教神话人物

【如来佛祖】

原名悉达多·乔达摩（前565—前486），古印度著名思想家，佛教创始人，出生于今尼泊尔南部。被后世尊称为佛陀（Buddha、意为『觉悟者』）、世尊等；汉地尊称他为佛祖，即『佛教祖师』。被世人尊为神明。『如来』这个名词是从梵语(tath āgata)译出来的。『如』字就是『真如』(tath āta)，即一切法(事物)的真实状况，它又包含『如实』(Yath ā bh ū tam)的意义。它是『佛陀』的异名。佛字是『佛陀』的简称，是Buddha的音译（如果用今天的汉语音译，应当是『布达』），佛陀的意义是『觉者』或『智者』。

【如来佛祖】

【药师佛】

药师琉璃光佛又名药师如来，指药师佛，全名作药师琉璃光如来，也有人称大医王佛、医王善逝或消灾延寿药师佛，以琉璃为名，乃取琉璃之光明透彻以喻国土清静无染。为东方琉璃净土的教主。药师本用以比喻能治众生贪、瞋、痴的医师，在中国佛教一般用以祈求消灾延寿。

【药师佛】

【阿弥陀佛】

【阿弥陀佛】

阿弥陀佛（梵语 Amit ā bha），又名无量佛、无量光佛、无量寿佛等。大乘经载，阿弥陀佛在过去久远劫时曾立大愿，建立西方净土，广度无边众生，成就无量庄严功德，为大乘佛教所广为崇敬和弘扬。大乘佛经主要如《无量寿经》《阿弥陀经》《观无量寿佛经》，对阿弥陀佛及其西方极乐世界均有详述。大乘佛教流传之地，如中国、日本等大乘教区，阿弥陀佛信仰也尤为繁盛和重要。而汉传佛教的净土宗，则完全以往生阿弥陀佛的西方净土作为专修的法门。

【弥勒佛】

弥勒佛（即弥勒菩萨摩诃萨），梵文音译为梅呾利耶、梅怛俪药，是世尊释迦牟尼的继任者，将在未来娑婆世界降生世尊，成为娑婆世界的下一尊佛。被唯识学派奉为鼻祖，深受中国大乘佛教大师支谦、道安和玄奘的推崇。大约在五代以后，江浙一带认为，在民间的布袋和尚为其化身，遂在寺院中开始出现照布袋和尚的形象笑口弥勒佛的塑像。

【弥勒佛】

【观音菩萨】

鸠摩罗什的旧译观世音菩萨，玄奘新译为观自在，中国每略称为观音。观世音菩萨是佛教中慈悲和智慧的象征，无论在大乘佛教还是在民间信仰，都具有极其重要的地位。佛经上说，观世音是过去的正法明如来所现化，他在无量国土中，以菩萨之身到处寻声救苦。观世音与阿弥陀佛有着特殊的关系。他是西方三圣中的一尊，也是一生补处的法身大士，是继承阿弥陀佛位的菩萨，而且还有说观世音就是阿弥陀佛的化身。

【观音菩萨】

【地藏菩萨】

地藏菩萨，因其『安忍不动，犹如大地，静虑深密，犹如秘藏』，所以得名。地藏是佛教中一位愿力深厚的菩萨。佛典载，地藏菩萨在过去世中，曾经几度救出自己在地狱受苦的母亲；并在久远劫以来就不断发愿要救度一切罪苦众生尤其是地狱众生。所以这位菩萨同时以『大孝』和『大愿』的德业被佛教广为弘传。也因此被普遍尊称为『大愿地藏王菩萨』，并且成为了汉传佛教的四大菩萨之一。唐朝来华求法的地藏比丘被认为是地藏菩萨的化身。这位出身新罗王族的僧人所在的安徽九华山也被视为地藏菩萨的应化道场，并因此成为了中国佛教四大名山之一，千百年来香火鼎盛。

【地藏菩萨】

【文殊菩萨】

【文殊菩萨】

文殊菩萨，音译作文殊师利、曼殊室利、满祖室哩，意译为妙德、妙吉祥、妙乐、法王子。又称文殊师利童真、孺童文殊菩萨。为佛教四大菩萨之一。与般若经典关系甚深，故称为大智文殊师利菩萨。据《文殊师利般涅槃经》所记载：文殊菩萨是舍卫国多罗聚落梵德婆罗门之子。后来诣仙人处，求出家法，却无酬对者，乃皈依佛，出家学道，住首楞严三昧，行稀有难事，佛涅槃后四百五千岁时至雪山，为五百仙宣畅演说十二部经，后还本生地，在尼拘楼陀树下入涅槃。殊菩萨的基本形象为仗剑骑狮之像，代表着其法门的锐利，以右手执金刚宝剑，断一切众生的烦恼，以无畏的狮子吼震醒沉迷的众生。

【普贤菩萨】

普贤菩萨，梵音译为三曼多跋陀罗，曾译为遍吉菩萨，大乘佛教的四大菩萨之一，意思是具足无量大行深誓愿，示现于一切诸佛刹土，象征着理德、行德，与象征着智德、正德的文殊菩萨相对应，同为释迦牟尼佛的左、右胁侍。毗卢遮那佛、文殊菩萨、普贤菩萨被尊称为『华严三圣』。普贤菩萨代表一切诸佛的理德与定德，与尊上文殊菩萨的智德证德相对，两者并为无上释尊的两大胁侍。它的坐骑六牙白象，六牙代表六种清静，四足代表四种功德。普贤菩萨摩诃萨的应化道场为四川峨眉山。

【普贤菩萨】

【持国天王】

东方持国天王：梵文：Dhritarastra。『持国』意为慈悲为怀，保护众生，护持国土，故名持国天王。住须弥山天东方，身为白色，穿甲胄，手持琵琶，是主乐神，表明他要用音乐来使众生皈依佛教，他负责守护东胜神州。是『二十诸天』中的第四天王。乐司调。

【持国天王】

【增长天王】

增长天王梵文：Vidradhaka。『增长』意为能传令众生，增长善根，护持佛法，故名增长天王。住须弥山琉璃 ，身为青色，穿甲胄，手握宝剑。南尊王负责守护南瞻部洲。他可以令人增长智慧和善根，手中所持宝剑能断烦恼，增智慧。是二十诸天中的第五天王。

【增长天王】

【广目天王】

西方广目尊天王是佛教三千大千世界观中四天王天的大天王之一。西方广目天王，梵名『毗留博叉』，据中国大乘佛教僧众云：西尊王能以清净法眼观察护持三千大千世界，故此圣名。是『二十诸天』中的第六天王，天王一手拿的是龙或蛇，龙、蛇表变化，社会上人事物变化多端，要仔细小心看清楚，才能从容应付。另一只手拿的是珠子表不变，教人们以不变应万变，在变化中找出不变的原则，心有主宰，使人们社会和谐安定，帮助人民觉悟幸福。中国民间认为他司掌『顺』。

【广目天王】

【多闻天王】

北方多闻天王，为佛教护法之大神，四大尊王之一。据民间传说，此尊王为古代印度婆罗门教中的天神，早在印度古代史诗《玛哈帕腊达》等书中就已出现过。北方多闻天王，名毗沙门，身绿色，穿甲胄，右手持宝伞（又称宝幡）左手握神鼠——银鼠。『毗沙门』梵文译音，意即『多闻』。『多闻』比喻福、德，闻于四方。他住须弥山水昌盛，手持宝伞，用以制服魔众，护持众生财物。是『二十诸天』中的第三天土，住须弥山水晶埵。多闻天王原形象为右手托宝塔，左手持三叉戟。在后期的中国，为了配合『风调雨顺』的吉祥意义，一般将其塑像手上的塔、戟，改为代表『雨』的『雨伞』。

【多闻天王】

【韦陀】

【韦陀】

又称韦驮，是佛的护法神（佛教中另外还有一位护法天神韦天将军）。相传他姓韦名琨，是南方增长天王属下八大神将之一，位居32员神将之首（四大天王每人手下有八神将）。有的人把韦陀与韦天将军相混）。据说，在释迦佛入涅时，邪魔把佛的遗骨抢走，韦陀及时追赶，奋力夺回。因此佛教便把他作为驱除邪魔，保护佛法的天神。从宋代开始，中国寺庙中供奉韦陀，称为韦陀菩萨，常站在弥勒佛像背后，面向大雄宝殿，护持佛法，护助出家人。

【惠岸行者】

即木吒，其原型是观音的弟子之一木叉，兵器为吴钩双剑和浑铁棍。木吒是中国汉族民间传说中的人物，传说木咤是陈塘关总兵托塔天王李靖的二子，兄为金咤（金吒），弟为哪咤（哪吒），在《封神演义》中，木吒拜昆仑阐教十二金仙中普贤真人为师，后，普贤真人转投佛门，为普贤菩萨。在《西游记》中又称木咤为惠岸行者，是观世音弟子，行善的童子。曾与师父一体化身为游僧寻找取经人，曾奉师命收服沙僧。后来孙悟空败给红孩儿（善财童子）、唐僧被掳时，木叉向其父李靖借用三十六把天罡刀协助观音菩萨收服红孩儿，令其成为观音座下童子。

【惠岸行者】

【哼哈二将】

哼将郑伦原先是一位金刚力士，守卫着天界的安全。形象威武凶猛，能鼻哼白气制敌。明代小说《封神演义》中，将原为商纣王的部将郑伦，拜昆仑度厄真人为师。后来被周文王擒获反正，却又被纣王的部下金大升斩死。在姜子牙封神时敕封郑伦、陈奇镇守西释山门，宣布教化、保护法宝，这就是民间所流传的哼将。

哈将陈奇原先也是一位金刚力士，本是佛国护法的『二十诸天』之一的密迹金刚。明代小说《封神演义》作者根据佛教守护寺庙的两位门神，将商纣王的部将陈奇，描述为受异人秘传，养成腹中一道黄气，张口一哈，黄气喷出，见之者魂魄自散，后来被哪吒刺死。姜子牙封神时敕封陈奇镇守西释山门，宣布教化、护法。

【哼哈二将】

左其诚

一九六四年出生
中国艺术剪纸协会会员
陕西民间文艺家协会会员
西安收藏研究院研究员
西安思源文化交流中心特约研究员

二〇〇五年三月作品《安徒生与童话世界》获中国艺术剪纸协会、中国对外艺术展览中心举办『纪念安徒生诞辰二百周年中国童话剪纸艺术大赛』优秀奖（作品被丹麦安徒生纪念馆收藏）；二〇〇八年作品《中华文明迎奥运》获中国民间文艺家协会剪纸委员会主办『迎奥运剪纸大赛』优秀奖；二〇〇九年作品唐诗意境——《饮中八仙》被收录在《中国剪纸名家作品》；二〇一〇年四月赴韩国进行文化交流期间，作品《韩熙载夜宴图》被『庆州中国文化体验馆』收藏；二〇一一年五月在『全国名家民俗剪纸精品邀请展』中获三皇奖；二〇一一年十月『西安市首届剪纸大赛』担任主讲嘉宾；二〇一二年四月参与陕西省文化厅主持编撰《陕西剪纸·西安卷》，为主要撰稿人；二〇一二年十月参与西安政协编撰《西安非物质文化遗产保护项目》，为主要撰稿人；自二〇〇七年起，多次应约在《西安晚报》《群众艺术》《西部风情》等报刊、杂志上发表剪纸作品和介绍民间艺术的文章。其中应约长期为西安文联主办的刊物《西安文艺界》撰稿；二〇一〇年以来，受邀陕西省广电中心、西安广电中心多个栏目组做嘉宾，讲述民俗与民间文化；二〇一五年，创作的『丝路情』剪纸作品，被指定为习近平主席接待印度总理莫迪专用，并被带回北京。

图书在版编目（CIP）数据

神态各异祖师爷 / 薛勇编著. -- 西安 : 西安出版社, 2016.6
ISBN 978-7-5541-1665-4

Ⅰ. ①神… Ⅱ. ①薛… Ⅲ. ①神一文化研究一中国 Ⅳ. ①B933

中国版本图书馆 CIP 数据核字（2016）第 162179 号

神态各异祖师爷

SHENTAI GEYI ZUSHIYE

编　　著：薛　勇
剪　　纸：左其诚
出版发行：西安出版社
社　　址：西安市长安北路 56 号
电　　话：（029）85253740
邮政编码：710061
印　　刷：陕西龙山海天艺术印务有限公司
开　　本：787mm×1092mm　1/16
印　　张：16.75
字　　数：150 千
版　　次：2016 年 7 月第 1 版
　　　　　2016 年 7 月第 1 次印刷
印　　数：1-2000
书　　号：ISBN 978-7-5541-1665-4
定　　价：260.00 元